EMY ET EMA

Guy Foissy

Éditions ART ET COMÉDIE
2, rue des Tanneries
75013 PARIS

NOTE SUR L'AUTEUR

Guy Foissy (Grand Prix de l'Humour Noir) privilégie toujours les comédiennes et les comédiens. C'est d'abord à eux qu'il pense quand il écrit. Il décrit souvent des personnages féminins, qui ont souvent la petite part dans les pièces classiques et souvent modernes. Il privilégie le rire même si ses sujets sont souvent graves. Il est toujours joué en France et à l'étranger. Au Japon, une compagnie théâtrale dirigée par Masao Tani, s'appelle, depuis 1976 : « Théâtre Guy Foissy de Tokyo » et ne joue exclusivement que ses pièces (ou presque).

TABLE

« Emy-Ema » réunit trois courtes pièces, dans le même décor, la même situation, les mêmes personnages. Elles sont écrites pour être jouées à la suite, formant une pièce en trois scènes. Mais chaque scène doit pouvoir être jouée séparément, indépendante.

-I- IDENTITÉS

Ema, dame âgée, dans sa maison de retraite. Elle se tire les cartes. Emy, la cinquantaine. Vient en visiteuse.

EMA - Un deux trois quatre cinq… Valet de cœur ! C'est bon ça… Un deux trois quatre cinq… As de trèfle… C'est très bon ça… Un deux trois quatre cinq… Valet de carreau ! Le messager heureux ! C'est très très très bon ça… Un deux trois quatre cinq… *(Elle regarde la carte, qui ne lui plaît pas. Elle la dissimule dans le jeu, en se cachant, comme si elle avait peur d'être surprise, tire une autre carte qui ne lui plaît pas non plus. Tire une autre carte. S'énerve ! La jette par terre.)* Ce n'est pas vrai !!! *(Tire une autre carte qui lui convient.)* Ah… Encore du cœur, c'est super bon ça… *(On frappe à la porte.)* Oh non…

VOIX D'EMY - C'est moi !

EMA - Oh non…

VOIX D'EMY - On peut entrer ?

EMA - Oh non…

VOIX D'EMY - Ouh ouh ! C'est moi, c'est moi Emy, je peux entrer ?

Emα *(désabusée)* - Si vous voulez…

Emy *(entre)* - Bonjour Ema! C'est moi! Vous me reconnaissez?

Ema *(sèche, agacée)* - Et vous? Vous me reconnaissez?

Elles s'embrassent.

Emy - Quelle drôle d'idée… Bien sûr que je vous reconnais puisque je viens vous voir. Je vous ai apporté un bouquet de fleurs champêtres.

Ema - Vous les avez cueillies sur le boulevard?

Emy - Ah! sacrée Ema! Vous aimez toujours plaisanter!

Ema *(sinistre)* - Vous l'aviez remarqué?

Emy - Je les ai achetées chez le fleuriste du boulevard. Je vais les mettre dans un vase. Un petit peu de soleil dans un vase… *(Elle le fait.)* Et à part ça, comment ça va?

Ema - Pourquoi êtes-vous là? Aujourd'hui?

Emy - Voilà, c'est ça, je m'en doutais, vous ne me reconnaissez pas. Je suis Emy, la visiteuse qui vient tous les jeudis.

Ema - On n'est pas jeudi.

Emy - Justement si, on est jeudi…

Ema - On n'est pas jeudi, on est mardi.

Emy - Mais si voyons on… *(Puis fuyant l'oiseuse discussion.)* Oui, oui, bon, on est mardi, si vous voulez. Cette manie de dire non, vous ne l'abandonnerez jamais. Il faut faire avec.

Ema - On est mardi et j'ai tiré la dame de cœur, l'as de trèfle et le valet de carreau.

Emy - Le fleuriste est formidable. Il a l'accent italien. Il serait bel homme s'il n'avait pas un si gros ventre. J'avais une cousine, une cousine lointaine, qui disait : « Les hommes qui ont un gros ventre me donnent le mal de mer. Ils tanguent. » Qu'est-ce qu'elle était rigolote !

Ema *(désabusée)* - Mon Dieu…

Emy - Vous le connaissez ? Sa boutique n'est pas très grande, mais des fleurs, des fleurs, des fleurs, partout, et de partout. Des grosses, des petites, des énormes, des minuscules, de toutes les couleurs, exotiques, asiatiques, champêtres. Moi, j'aime mieux les champêtres. C'est plus frais.

Ema - Et moins coûteux…

Emy *(un peu vexée)* - Je les achète sur mon budget personnel. Ils n'ont pas encore prévu les fleurs. On a parlé. Il est très causant, comme tous les Italiens. *(Elle pouffe.)* Devinez de quoi on a parlé ? De fleurs !!! On a parlé de fleurs ! C'est amusant, non ? Chez un fleuriste ! *(Elle rit. Ema reste de marbre.)* Mais je vous ai interrompue. Que faisiez-vous ?

Ema - Je classais des photos. De vieilles photos.

Emy *(jetant un coup d'œil aux cartes)* - Ce sont des photos ça ?

Ema - Oui. Regardez… Elles me ressemblent. Malgré l'âge je me ressemble.

Emy *(conciliante)* - Bien sûr. Vous vous tiriez encore les cartes ? Comment va votre avenir ?

Ema - Ce sont des photos. On peut très bien se tirer les cartes avec des photos.

Emy - Évidemment.

EMA - La dame de cœur, l'amour ; l'as de trèfle, l'argent ; le valet de carreau, de bonnes nouvelles, et puis après, un voyage. Il faut que j'achète un billet de loterie.

EMY - Eh bien ma chère Ema, vous vous préparez de joyeux lendemains.

EMA - Les photos, les cartes, les tarots, l'avenir, le présent, le passé, c'est la même chose. On finit par tout mélanger.

EMY - Il y en a un qui est derrière, il y en a un qui est devant. Et un en plein dedans.

EMA - Et alors ? Où est le problème ? Vous voulez qu'on regarde mes autres photos ? On peut prédire l'avenir avec des photos.

EMY - Vous me les montrez à chaque fois, Ema, je les connais. Si vous voulez…

EMA - Elles sont dans le deuxième tiroir, là.

Emy va chercher et pose l'album sur la table.

EMY - Ça fait du bien de revoir son passé, n'est-ce pas ? De se revoir. Ça m'arrive à moi aussi, bien que je sois plus jeune que vous. « C'est moi ça ? » se dit-on… Eh ?… Cette petite fille boudeuse, c'est vous Ema ? Que vous êtes drôle… Regardez…

EMA - Cessez de m'appeler Ema, ça m'énerve.

EMY - Voilà autre chose ! Comment voulez-vous que je vous appelle ?

EMA - Par mon prénom.

EMY - Vous détestez qu'on vous appelle Emmanuelle. C'est vous qui exigez qu'on vous appelle Ema.

Emy - Je ne m'appelle pas Ema.

Ema - Ça y est. Ça recommence. Comment faut-il que je vous appelle ?

Ema - Appelez-moi Emy.

Emy - Pardon ?

Ema - Appelez-moi Emy. Pas Ema.

Emy - Emy, c'est le diminutif d'Émilienne. Ema, c'est le diminutif d'Emmanuelle. Votre prénom c'est Ema. Pas Emy.

Ema - Si, c'est Emy. Je connais bien mon prénom quand même !

Emy - Qu'est-ce que vous délirez ? Emy c'est moi. Ema c'est vous.

Ema - Non. Vous c'est Ema. Moi c'est Emy.

Emy - Ça s'aggrave. Vous perdez complètement la tête. Je suis Emy.

Ema - Non, c'est moi Emy.

Emy - Écoutez, ce coup-ci, je ne céderai pas. Je suis Emy. Vous êtes Ema. Point barre !

Ema - Emy moi, Ema vous. Vous êtes vraiment têtue.

Emy - Une lubie. Une nouvelle lubie. Mme Tiperton, hein, comment elle vous appelle Mme Tiperton ?

Ema - Mme Tiperton ne m'appelle pas, c'est moi qui l'appelle.

Emy - Vous voulez voir ma carte d'identité ?

EMA - Ah! celle-là je l'attendais! La dernière fois que vous êtes venue vous m'avez fauché ma carte d'identité. C'est facile.

Emy, furieuse, sort sa carte d'identité.

EMA - Et là? Sur la carte d'identité, c'est la photo de qui?

EMA - De moi.

EMY - Vous me tuez…

EMA - Si seulement…

EMY *(plus grave)* - Vous avez envie que je meure, Ema? Vous avez envie que je meure?

EMA - Ne m'appelez pas Ema. Je n'ai pas envie que vous mourriez. Je m'amuse trop avec vous. On ne vous a jamais dit que vous étiez rigolote?

EMY - Jamais.

EMA - Alors, je vous le dis. Rigolote mais détestable.

EMY *(pincée)* - Je vous remercie.

EMA - Vous avez remarqué vous aussi que les gens rigolos étaient détestables, chère amie Ema?

EMY - Emy.

EMA - Comme les gens qui ont de l'humour sont insupportables. Incapables de se concentrer. Toujours à interrompre une conversation pour placer leurs fameux bons mots et pour que l'attention reviennent sur eux. Seuls les taciturnes sont supportables. Mon mari était taciturne, ça ne l'a pas empêché de mourir. Vous, on ne peut pas dire que vous soyez taciturne.

Emy - Vous non plus. Qu'est-ce que vous débitez !…

Ema - Je débite parce que vous me provoquez. Je suis bien obligée de répondre.

Emy - C'est vous qui provoquez, vous êtes toujours paradoxale. Oh ! et puis zut ! Je suis supposée venir vous voir tous les jeudis pour faire la conversation, et vous m'agressez !

Ema - Je ne vous agresse pas, c'est vous qui usurpez mon identité.

Emy - Écoutez Ema, arrêtons ce jeu stupide. Racontez-moi plutôt ce que vous avez mangé au repas des vieux offert par la municipalité.

Ema - Vous êtes complètement folle. Folle à lier. Et puis, vous avez raison, cessons ce jeu stupide. Rendez-moi ma carte d'identité.

Elle s'en saisit.

Emy - Mais lâchez ma carte ! Rendez-la-moi !

Ema la déchire.

Ema - Vous n'aurez aucune difficulté à vous en faire donner une. Avec votre vrai nom. Moi, ici, je n'ai pas besoin de carte d'identité. Tout le monde me connaît. Et quand je mourrais tout le monde pourra affirmer que c'est moi qui suis morte. Et pas une autre.

Emy - Je vais chercher du secours ! *(Elle appelle.)* Madame Tiperton ! Madame Tiperton !

Ema - Vous pouvez bien brailler, elle est de sortie.

Emy *(appelant)* - Madame Tiperton !!!

Ema - Elle est allée au cinéma porno avec ses copines.

Emy - Où ça ?

Ema - Au cinéma porno, comme tous les mardis.

Emy *(féroce)* - Vous n'y êtes pas allée ?

Ema - J'ai dit que je ne pouvais pas, que j'attendais mon amie Ema qui venait me faire la conversation. Et puis, je préfère le naturel aux images. Ça vous arrive d'aller au cinéma porno, ma chère Ema ? Vous devriez. À la fois, ça énerve et ça détend.

Emy - Vous voulez que je vous prépare un thé ?

Ema - Un thé… Ça me rappelle mon enfance à Londres…

Emy - Vous avez passé votre enfance à Londres ? Vous ne me l'aviez jamais dit. Comme moi alors ?

Ema - Je suis rentrée en France à l'âge de six ans. Ma mère voulait que je fasse mes études en français. C'est dommage, j'aurais été parfaitement bilingue. Quand on est rentré en France ma mère n'a plus voulu que je prononce un mot d'anglais…

Emy - Écoutez Ema…

Ema - Emy. Mon père n'était pas Anglais. Mais Picard. Ils se sont séparés. Elle était Auvergnate. Une Auvergnate et un Picard, ça ne peut pas fonctionner.

Emy - Je pense qu'un jour proche, il va bien falloir vous enfermer.

Ema - Moi ? C'est plutôt vous.

Emy - C'est le contraire, ma mère qui était Picarde. Mon père qui était Auvergnat. C'est moi qui ai passé mon enfance à Londres.

Ema - Et alors ? Madame s'imagine qu'elle est la seule à avoir passé son enfance à Londres ?

Emy - Mon père était serveur dans un restaurant à la City. Il côtoyait les financiers.

Ema - Ce n'est pas ça qui rend riche. Je peux aussi en témoigner : mon père côtoyait également des financiers. Eh bien ce ne sont pas eux qui laissaient les plus gros pourboires. Quand mon père est mort…

Emy - Ema, je vous demande de ne pas me raconter ma vie.

Ema - Emy. Il n'y avait pas un financier à son enterrement. Il faut dire qu'il est enterré à Cajarne-sur-Allon. Ce n'est pas pratique. Il n'y a pas de vol direct Londres-Cajarne-sur-Allon.

Emy - C'est mon père qui est enterré à Cajarne-sur-Allon. Il y a belle lurette qu'il ne travaillait plus à Londres quand il est mort.

Ema - Sur sa tombe il avait exigé qu'on inscrive son nom et son numéro de téléphone.

Emy - Son numéro de téléphone ?

Ema - Oui. Au cas où.

Emy - Au cas où quoi ?

Ema - Au cas où.

Emy - Je vous prie de ne pas ridiculiser mon père.

Ema - Je lui ai téléphoné. Ça répondait : « Il n'y a pas d'abonné au numéro que vous avez demandé. » Y a-t-il un au-delà ? On se le demande parfois. En tout cas, il ne répond pas.

Emy - C'est un jeu complètement stupide.

Ema - Ma mère n'est pas venue à l'enterrement de mon père.

Emy - Elle n'avait aucune raison de venir. Ils étaient séparés depuis des années ! Mais fichez-moi la paix à la fin !

Ema - Ma chère Ema, ne vous énervez pas… C'est vous qui êtes stupide. J'ai fait des études de secrétariat. Eh oui… À l'époque c'était le métier idéal pour une femme. Secrétaire. Assistante. Collaboratrice. Bras droit. Ça a duré longtemps. J'étais la maîtresse du chef de service.

Emy - Moi ?! Jamais !

Ema - Non, moi. Les chefs de service ont changé, et j'étais toujours leur maîtresse. Les chefs de service aimaient bien en général coucher avec leur secrétaire. Tout au moins à l'époque.

Emy - C'est faux. Vous dites n'importe quoi !

Ema - Je me suis mariée. Avec un gros con. Mais ça, je m'en suis aperçue après avoir dit oui. Les gros cons cachent souvent bien leur jeu. En plus, il s'appelait Arthur. J'aurais dû me méfier. Qu'est-ce qu'il y a ma chère Ema ? Ça vous embête que je vous raconte ma vie ? Pour une fois que je m'abandonne aux confidences…

Emy - Il ne s'appelait pas Arthur, il s'appelait Arnold. Il n'était pas vraiment con, il était lourd…

Ema - Ça ne l'a pas empêché de fiche le camp avec la fille de la voisine. Vingt ans de moins que lui !

EMY - Ça ne lui a pas réussi. Il est mort d'épuisement.

EMA - Comme je devenais vieille, je n'ai plus intéressé mes chefs de service. Aux premiers licenciements j'étais dans la charrette. Retraite anticipée. Maintenant je fais dans les bonnes œuvres. Je suis visiteuse de maisons de retraite. Je vais faire la causette avec les vieux. Tous les jeudis je vais voir une vieille bique du nom d'Ema. C'est-à-dire vous. Car vous êtes une vieille bique. Une vieille bique acariâtre en plus.

EMY - Vous parlez pour vous. J'ai vingt ans de moins que vous.

EMA - Vous faites plus.

EMY - Je vous remercie. Je vais vous dire une chose ma pauvre Ema…

EMA - Emy.

EMY - … si je voulais plaire, je pourrais encore le faire.

EMA - Des vicieux.

EMY - Pas seulement.

EMA - J'habite un petit studio avec cuisinette à l'américaine. Deuxième étage sans ascenseur. Quartier de la gare.

EMY - Vous habitez ici dans une maison de retraite, c'est moi qui habite…

EMA - Treize, un mauvais chiffre, 13 chemin des Soutiers. Dans le quartier de la gare : des soutiers. C'est original. D'habitude les soutiers sont sur des bateaux, pas sur des trains.

Emy - C'est une vieille rue… Oh là là ! Je ne sais pas pourquoi je discute, moi ! Vous confondez tout. Vous mélangez tout. Vous avez le cerveau comme de la cervelle de canuts. Maintenant vous vous prenez pour moi. C'est le pompon. Vous vous confondez avec moi. Moi c'est moi. Vous c'est vous. J'habite 13 chemin des Soutiers, deuxième étage. Vous vous habitez ici, dans une maison de retraite tenue par Mme Tiperton…

Ema - … qui tous les mardis va au cinéma porno avec ses copines.

Emy - Si vous voulez !

Ema - Elle m'y a emmenée. Il paraît que la première fois je gloussais trop fort. Que je gloussais, moi, Emy ! Qu'est-ce que vous dites de ça ? Ce n'est pas de l'irrespect ça ? Glousser ! Comme les poules. Vous, je suis sûre que vous gloussez… Après je me suis retenue.

Emy *(regarde sa montre)* - Oh là là ! Le temps passe. Il va falloir que je m'en aille.

Ema - Où voulez-vous aller ?

Emy - Chez moi. En voilà une question !

Ema - Mais voyons Ema, c'est ici que vous habitez. Voilà plusieurs années que vous habitez ici.

Emy - C'est vous qui habitez ici. Moi, je dois m'en aller.

Ema - Plusieurs années. Vous vous rendez compte ! Et vous vous ennuyez comme une vieille autruche solitaire ! Osez dire que vous ne vous ennuyez pas ! Vous vous emmerdez. Voilà, vous vous emmerdez… Alors, comme vous vous emmerdez, vous aimez emmerder le monde. Quand vous trouvez une victime, vous vous accrochez, vous ne lui lâchez pas les bottines !

Emy - Ah ! ça c'est bien décrit !

Ema se lève, prend sa canne.

Ema - Reposez-vous. Prenez vos cachets et allez vous coucher. Allons, on se fait la bise, sans rancune ?

Emy - Asseyez-vous.

Ema - Je vais me coucher tôt car dimanche prochain c'est l'anniversaire de la mort de mon père. Comme tous les ans, j'irai à Cajarne-sur-Allon. Vous voulez que j'appelle Mme Tiperton ? Elle doit être rentrée maintenant. Un peu énervée comme chaque fois qu'elle va au cinéma porno. Elle vous fera une tisane…

Emy - Restez tranquille ! Ne sortez pas. Vous n'avez pas le droit de sortir à cette heure-ci !

Ema - Demain matin vous verrez, vous irez mieux…

Emy - Mais c'est qu'elle vous ferait douter à la fin des fins.

Ema - Pas de vérité sans doute, ma chère Ema. Bonne nuit…

Emy - Je suis Ema, vous êtes Emy…

Ema - Ah ! qu'est-ce que je disais…

Emy - Non. Le contraire. Vous finissez par m'embrouiller. Au fait : je vous avais apporté un petit paquet de chocolat. Et ben, je le mangerai toute seule.

Ema - Merci… Allez… À bientôt…

Elle se dirige vers la porte.
Emy se baisse, ramasse une carte.

Emy - Oh… Vous avez fait tomber une carte…

Ema - Ce n'est rien, laissez-la…

Emy - C'est la dame de pique… Oh là là ! Ma bonne amie Ema, ce n'est pas bon ça… La dame de pique, c'est la mort… À ce qu'on dit… Qu'est-ce que vous en pensez ?

Ema - Ce n'est pas la dame de pique.

Emy - Regardez.

Ema *(tourne la tête)* - Ce n'est pas la dame de pique.

Emy - Vous êtes trop superstitieuse. Les cartes n'ont jamais annoncé grand-chose. Mais quand même, la dame de pique, on dit que c'est la mort… Au revoir Ema.

Ema - Non, Emy.

Emy - À jeudi prochain. Si vous le souhaitez bien sûr.

Ema - Si vous mettez un pied dehors, j'appelle Mme Tiperton, qui saura bien vous mettre au lit.

Emy - Demandez-lui de vous remettre les idées en place.

Ema - Après le pèlerinage à Cajarne-sur-Allon, j'irai voir ma cousine Aiglette, à La Beuvière-Saint-Prénin. Elle élève des canards. Elle fait des confits sublimes et des foies gras divins. Je serai donc absente pendant quelques jours.

Emy - À Saint-Frénin, et non pas Saint-Prénin.

Ema - Saint-Prénin, ça existe.

Emy - Oui, mais ce n'est pas là que je vais.

Elle sort.
Ema reste un moment silencieuse, puis reprend ses cartes et les étale.

Ema - Un deux trois quatre… Un beau jeune homme… Un deux trois quatre cinq… Un vieux monsieur… Un deux… Quelle idiote… Mais quelle idiote… *(Appelant.)* Madame Tiperton! Madame Tiperton! Vous pouvez venir, madame Tiperton? Je ne me sens pas bien… *(Puis.)* J'ai besoin qu'on s'occupe de moi. Je suis vivante quand même.

FIN

-II- LA SURFACE DE RÉPARATION

Ema, dame âgée, dans sa maison de retraite. Emy, entre cinquante et soixante ans. Vient en visiteuse.

Ema, dans son studio, est assise sur un fauteuil, une jambe plâtrée. Une canne à portée de la main, visible. Elle est habillée d'une jupe noire et d'un tee-shirt sportif avec en lettres rouges et or « CAJARNE-SUR-ALLON OLYMPIC CLUB ». Elle lit un journal sportif (genre « L'Équipe » ou autre).

EMA *(grommelant, lisant son journal)* - Quelle merde… Mais quelle merde… Mais quelle honte… C'est pas croyable…

Au bout d'un moment, on frappe à sa porte. Une voix avenante appelle.

VOIX D'EMY - On peut entrer ? Ema… Vous êtes là ? On peut entrer ?…

EMA *(sans lever les yeux, froide)* - Si vous en avez envie.

Emy entre, avec un bouquet champêtre à la main.

EMY *(ton chantant)* - Bonjour… Bonjour Ema… C'est moi Emy…

EMA *(sans cesser de feuilleter son journal)* - Ah. C'est vous. Je vous ai reconnue. Je ne vous attendais pas aujourd'hui, on est mardi.

EMY - On ne vous a pas prévenue ? Je ne pouvais pas venir jeudi. J'ai laissé un message au secrétariat. Ils ont dû oublier. Ça arrive qu'on oublie. Moi-même parfois j'oublie. Comment ça va ? Ça va ? Vous allez mieux ?

EMA *(indifférente)* - Ça va.

EMY - Moi aussi… À part les petits problèmes habituels. Les petits problèmes habituels… on s'y habitue… J'ai failli rater l'autobus, le chauffeur a été aimable, il m'a attendue. Un assez bel homme. Un certain charme, mais trop maigre. Avec une moustache. Avant les hommes portaient tous des moustaches y compris ceux qui arboraient une barbe.

EMA *(bougonnant, pour elle-même)* - Intéressant… *(Puis.)* Il y a longtemps que vous n'êtes pas venue. Vous boudiez ?

Emy s'approche, l'embrasse sur le front. Ema ne réagit pas. Emy lui tend son bouquet champêtre.

EMY - Bouder ? Pensez donc… J'étais fatiguée. Tenez…

EMA - Encore des fleurs… Vous avez de la suite dans les idées… Vous aimez les fleurs.

EMY - Oh oui… Si j'avais mille mains, je cueillerais mille fleurs à la fois. La dernière fois, vous vous souvenez ? *(Ema lui lance un regard glacial.)* La dernière fois, ou plutôt la fois d'avant, je ne sais plus, c'était une rose. Une rose orange. Comme je savais que vous n'aviez pas de soliflore, je vous en avais apporté un. Vous vous souvenez ?

Ema - Je l'ai cassé.

Emy - Ce n'est pas important, je ne l'avais pas payé cher.

Ema - Je m'en doutais. Mme Tiperton a mis votre rose dans une bouteille d'eau minérale. Pétillante. Aromatisée. Elle n'a pas tenu la nuit. *(Un temps.)* La rose, pas Mme Tiperton. Hélas… De toute manière, ici, les fleurs meurent vite. Comme les gens. Question d'atmosphère sans doute.

Emy - Je vais chercher un vase.

Ema - C'est ça.

Emy - J'en ai pour deux minutes.

Elle sort.

Ema *(seule)* - C'est ça… Prenez votre temps… *(Elle reprend son journal, puis : elle sait qu'Emy l'entend.)* Quelle bande de connes. Il suffit que je ne sois pas là pour que tout s'écroule. Je vais finir par croire que je suis indispensable… Des fleurs !… Ça ne lui viendrait pas à l'idée d'apporter du foie gras et du Sauternes !

> *Puis elle reprend la lecture de son journal. Emy revient avec le bouquet dans un vase.*

Emy - Voilà… Mme Tiperton m'a prêté un vase. Il est en plastique.

Ema *(grommelle)* - Quelle merde… Mais quelle merde…

Emy - Ah bon ?

Ema - Saint-Plon-lès-Bigagnettes a battu Cajarne-sur-Allon par quatre buts à zéro. Waterloo…

Emy - Pardon ?

Ema - Ce n'est rien. Vous ne pourriez pas comprendre.

Emy - Comprendre quoi ?

Ema *(montrant sa canne)* - Ça, Waterloo.

Emy - Oh… Vous avez repris votre canne. C'est votre arthrose ?

Ema *(montrant sa jambe plâtrée)* - Et ça ?

Emy - Oh ! mon dieu !… Un plâtre ! Vous vous êtes cassé la jambe. C'est pour ça que vous avez une canne. Que s'est-il passé ? Vous auriez dû me prévenir.

Ema - Pour quoi faire ?

Emy - Je serais venue tout de suite.

Ema *(sarcasme)* - Vous ne l'auriez pas réparée !

Emy - Je serais venue quand même.

Ema - Je ne voulais pas vous déranger.

Emy - Vous ne me dérangez jamais. D'ailleurs personne ne me dérange jamais. C'est un bon trait de mon caractère ? Mon Dieu… C'est une fracture ? Grave ?

Ema - Mais arrêtez de tripoter mon plâtre. Juste une foulure. Je pourrai reprendre l'entraînement la semaine prochaine.

Emy *(ne veut pas entendre)* - Vous êtes tombée ? Où ? Dans l'escalier ?

Ema - J'ai été fauchée dans la surface de réparation.

Emy - Les escaliers sont des endroits où on tombe souvent. C'est comme les échelles, mais on grimpe moins souvent à l'échelle qu'à l'escalier. Pareil pour les arbres. En tout cas, moi, j'y monte rarement. La dernière fois que je suis montée dans un arbre, je devais avoir treize ans. Treize ans et demi même. Les garçons voulaient toujours que je grimpe aux arbres ou sur des échelles. Un jour, plus tard, j'ai compris que c'était pour voir ma petite culotte. C'est drôle, hein ?

Ema *(désabusée)* - Hilarant.

Emy - N'est-ce pas ? En fait, il me semble bien que je m'en étais aperçue et que ça ne me déplaisait pas. Je vous fais des aveux bien intimes, ma chère Ema. C'est pour vous amuser… Ceci dit, vous devriez gravir les escaliers marche par marche, c'est plus sûr.

Ema - Vous devriez écouter quand on vous parle.

Emy - Mais je vous écoute. Je ne fais que ça vous écouter.

Ema - Vous écoutez mais vous n'entendez pas.

Emy - Si j'étais magicienne ou quelque chose comme ça, je créerais un monde sans escalier, sauf des escalators. Pour ne pas tomber. Souvent quand on tombe dans un escalier, on tombe mal.

Ema - Saint-Plon-lès-Bigagnettes a battu Cajarne-sur-Allon par quatre buts à zéro.

Emy *(interloquée)* - Comment ?

Ema *(plus fort)* - Vous commencez vraiment à être dure de la feuillette. Saint-Plon-lès-Bigagnettes a battu Cajarne-sur-Allon quatre buts à zéro.

Emy - Pourquoi me dites-vous cela ?

Ema - Parce que Beuvrier et La Bastide-du-Mont-Beige ont fait match nul deux à deux. Ce qui fait, ma chère Emy, que Beuvrier a pris la tête du classement.

Emy *(un peu inquiète de ces propos)* - Et puis, avec les escaliers, il faut soit les descendre, soit les monter. C'est l'un ou l'autre. C'est sans surprise. Moi ce que j'aime, ce sont les escaliers plats. Ça me convient. On n'a besoin ni de monter ni de descendre.

Ema - Les escaliers plats ?

Emy - Oui. Les escaliers volants, si vous préférez.

Ema - Les escaliers volants ? Emy, avez-vous bien toute votre tête ?

Emy *(rit de sa bévue)* - Roulants ! Je voulais dire roulants ! Volants, ce sont les tapis. Je me suis trompée. C'est trop bête !… Une fois, je me souviens, chez un marchand de tapis, j'étais avec ma mère…

Ema - J'ai parfois du mal à vous suivre, vous savez. On a l'impression que, dans votre tête, il y a des mots qui se rencontrent et qui ne devraient pas se rencontrer.

Emy - Vous êtes en train de dire que je radote ?

Ema - Mais non, mais non ! Pas du tout. Des petits dérapages, parfois, mais ça nous arrive à tous.

Emy *(vexée)* - Des dérapages ! Je vais vous dire, ma chère Ema, que moi aussi j'ai parfois du mal à vous suivre.

Ema *(surprise)* - Ah bon ? À quel propos ?

Emy - Par exemple : quand je vous demande où vous vous êtes fait cette foulure, vous me répondez…

Ema - … on m'a fauchée dans la surface de réparation.

Emy - Eh bien voilà, on a du mal à suivre.

Ema - C'est pourtant simple.

Emy - Réparation de quoi ? Réparation de qui ?

Ema - Ça vous arrive de jouer au football, Emy ?

Emy *(stupéfaite, elle fait diversion)* - Oh !… Votre réveil est arrêté. Il indique trois heures de retard.

Ema - La pile est foutue.

Emy - Vous auriez dû me le dire, j'en aurais amené une.

Ema - Je suis tout à fait capable de m'en procurer une moi-même.

Emy - Ah… Mme Tiperton.

Ema - Non, le marchand de journaux. Je ne suis pas impotente.

Emy - Mais vous êtes foulée.

Ema - Foulée. Pas cassée.

Emy - Tant mieux. Tant qu'on peut faire les choses soi-même. C'est quand on ne peut plus faire les choses soi-même qu'on devient vieux. C'est ça être vieux, c'est ne plus pouvoir faire les choses soi-même. Surtout si, en plus, on déraille un peu.

Ema - Vous n'avez pas répondu à ma question. Vous ne répondez jamais aux questions qu'on vous pose.

EMY - Ne vous énervez pas, je vous en prie, ne vous énervez pas ! C'était quoi la question ?

EMA - Avez-vous déjà fait partie d'une équipe de football ?

EMY - Bien sûr, bien sûr… Vous avez parfois des questions saugrenues. Je sais très bien que vous n'êtes pas gâteuse. Vous avez votre tête bien à vous. Quelle drôle d'expression, vous ne trouvez pas ? Quand ça fonctionne, on dit qu'on a sa tête bien à soi. Et quand ça ne fonctionne pas ? On a sa tête bien aux autres ? Ça me rappelle une histoire… Oh ! je ne m'en souviens plus. Elle était drôle… Il était question d'un condamné à mort qui perdait la tête. On avait ri !…

EMA - La tête fonctionne. Elle est bien en place. La tête et les mollets.

EMY - Les mollets ?

EMA - Même avec mon plâtre, je vous prends sur un tour de jardin.

EMY - Mais oui, mais oui… Ça me fait vraiment plaisir de vous trouver en forme. Combative…

EMA - Si on ne m'avait pas fauchée – à l'entraînement, Emy, à l'entraînement ! – je ne serais pas tombée. Je n'aurais pas été dans le plâtre et on n'aurait pas pris quatre buts ! *(Puis.)* Ça ne vous intéresse pas ce que je vous dis ?

EMY - Bien sûr que si. *(Parlant d'autre chose.)* Tenez… Je vous ai apporté deux livres…

EMA - Des fleurs et des livres, c'est bien vous ça…

EMY - Ils m'ont beaucoup plu. Un policier. Comme avant. Avec une intrigue qu'on doit deviner. Et un roman d'amour. Convenable.

EMA - Convenable ?

EMY - Il y a des romans d'amour qui sont convenables, où il y a du sentiment. Il y a des romans d'amour pas convenables…

EMA - … où il y a du cul.

EMY *(suffoquée, élève le ton)* - Un roman d'amour convenable…

EMA - … c'est un roman d'amour où on ne parle pas de cul.

EMY - Ça vous amuse de dire des gros mots ? À votre âge ? Pipi caca boudin ! Un roman d'amour convenable, c'est un roman d'amour qui se termine bien. Voilà.

EMA - Par un beau mariage et les cloches des églises qui sonnent à vous crever le tympan. Ce que vous pouvez faire vieillotte, ma pauvre Emy. Vous êtes plus jeune que moi, mais vous êtes vieillotte.

EMY *(haussant le ton)* - Une histoire d'amour qui se termine bien est convenable. Morale.

EMA - Une histoire d'amour, convenable ou pas, ça se termine ou commence toujours par une histoire de cul.

EMY *(indignée)* - Écoutez…

EMA - Ça vous va bien de faire la mijaurée, vous qui passez votre temps à grimper aux arbres pour montrer votre culotte aux garçons !

EMY - J'avais treize ans. Vous êtes désespérante.

EMA - C'est vous qui êtes désespérante. Vous me désespérez ! Le sport, Emy ! La forme ! Le physique. Nous sommes au temps du physique !

EMY - L'esprit. C'est important aussi l'esprit !

EMA - Croyez-vous que j'ai le temps de lire ? Vous croyez que quelqu'un a le temps de lire ici ? Sauf Mme Tiperton.

EMY - On devrait toujours prendre le temps de lire. Ne serait-ce que quelques lignes par jour. Pour se laver l'esprit.

EMA - Avec les entraînements, les séances de gymnastique, on n'a pas le temps de lire.

EMY - Il ne faut pas vous laisser entraîner dans les entraînements.

EMA - C'est bon pour les mollets. Les mollets, Emy !

EMY - Pourquoi me parlez-vous de vos mollets ? C'est ridicule !

EMA - Et vous ? Vos mollets ne vous intéressent pas ?

EMY - Tant qu'ils me portent et me supportent…

EMA - Le corps, Emy ! Le corps !

EMY - L'esprit. L'esprit aussi ! Il ne faut pas oublier l'esprit.

EMA - Nous ne sommes plus dans un monde de l'esprit, Emy, vous retardez. Nous sommes dans les temps de la beauté, de la force, de la performance. Dans le monde du corps. C'est ça qui est important. Aujourd'hui ce n'est pas le plus intelligent qui triomphe, c'est le plus fort.

EMY - Je n'ai envie de triompher de personne. Tous les soirs, tous les soirs que Dieu fait, vous entendez, je lis avant de m'endormir. Quelle que soit l'heure ! Quel que soit mon état de fatigue. Je lis. Et je m'endors apaisée.

Ema - Après avoir joué un match pour la coupe régionale des maisons de retraite, vous êtes aussi apaisée, croyez-moi.

Emy - Qu'est-ce que c'est que ça ? C'est quoi la coupe régionale des maisons de retraite ?

Ema - La coupe régionale des maisons de retraite c'est la coupe régionale des maisons de retraite. Moi, c'est la coupe de football puisque je joue au football.

Emy *(sidérée, puis)* - La coupe régionale ? Vous jouez au football Ema ? Vous vous moquez de moi. *(Elle ricane.)* Je vous imagine avec votre culotte à mi-cuisses et vos grosses chaussures !

Ema - Vous fréquentez beaucoup de maisons de retraite ?

Emy - J'en visite. Je suis trop jeune. Je n'ai pas encore l'âge de m'enfermer comme une vieille peau à attendre quelques visites charitables. Je l'ai dit. Voilà, je l'ai dit. Je n'ai jamais entendu parler d'équipes de football.

Ema - Vous devriez mieux écouter. Vous apprendriez que chaque maison de retraite a son équipe de football qui participe à la coupe des maisons de retraite.

Emy - Vous délirez !

Ema - Le corps, Emy, le corps ! Défense de vieillir. Votre problème, c'est que vous, vous acceptez de vieillir.

Emy - Il ne s'agit pas d'accepter ou de ne pas accepter. On vieillit.

Ema - Plus maintenant. Chaque maison de retraite a son équipe.

EMY - N'importe quoi !

EMA - Pas seulement de football. Ici nous avons hésité entre le handball, le basket-ball, mais ce sont des sports qui vont trop vite. Il faut toujours courir, d'avant en arrière, d'arrière en avant. On est vite sur les rotules. Je préférais le rugby, parce que ça châtaigne. Mais la majorité était contre. Avec le football quand on est arrière on reste en arrière, quand on est avant, on reste en avant. Moi je joue arrière. C'est pour ça que sans moi on a encaissé quatre buts.

EMY *(incompréhension)* - Vous jouez arrière ?

EMA - Je voulais être goal. Mais il faut toujours sauter. Et moi, avec mon arthrose, quand je saute trop, je craque.

EMY *(id)* - Vous craquez…

EMA - Oui. J'entends des craquements. Au niveau des genoux.

EMY - Je vous assure que je ne comprends rien à ce que vous dites. C'est très désagréable.

EMA - Prenez un petit verre de cognac, ça vous remettra.

EMY - Vous buvez du cognac maintenant ?

EMA - Oui. Pas vous ?

EMY - Mais non !

EMA - Tout le monde en bois ici, même Mme Tiperton.

EMY - Tout le monde ?

EMA - On organise des cognac-parties. On boit cul sec jusqu'à l'aube. Sauf la veille des matchs, naturellement. Le football et le cognac, il n'y a rien de tel pour conserver la jeunesse.

EMY - Ça vous amuse de raconter des horreurs ? Je viens, gentiment, vous dire un petit bonjour. Je vous apporte des fleurs ou des livres. Parfois même du chocolat. *(Elle s'exalte.)* Vous ne pouvez pas nier qu'il m'arrive de vous apporter du chocolat ? Particulièrement des truffes parce que je sais que vous les aimez et que je les aime aussi. Mais ce que j'aime ne vous intéresse pas, parce que vous ne m'en offrez jamais.

EMA - Ce n'est pas la peine de parler si fort, je ne suis pas sourde.

EMY - Vous n'allez pas dire qu'ils ne sont pas bons mes chocolats ? Hein ?

EMA - Ne criez pas, Mme Tiperton pourrait vous entendre.

EMY *(s'exaltant)* - Ce sont les meilleurs chocolats sur la place. Ils ne viennent ni du supermarché, ni de l'hypermarché, ni même de la supérette. Ils viennent de chez le meilleur chocolatier de la ville. Des truffes de toutes les couleurs. Partout. Le chocolat et la lecture c'est là que naît l'intelligence. Pas dans vos mollets !

EMA - Écoutez, je ne vois pas la raison de cette colère. Je me fiche de vos chocolats. Je vous parlais de football, pas de chocolats.

EMY - Et les livres que je vous offre ? Hein ? Les livres que je vous offre ? Ils viennent de la meilleure librairie. Ce sont les meilleurs livres de la meilleure librairie… Osez dire que ce ne sont pas de bons livres ! Vous les lisez au moins ?

EMA - Je les donne à Mme Tiperton qui me les raconte.

EMY - Elle a le temps de lire, elle !

EMA - Depuis qu'on lui a coupé la jambe gauche, elle ne peut plus jouer au football. Ça va mieux ? Vous êtes calmée ?

EMY - Depuis quand Mme Tiperton a-t-elle été amputée d'une jambe ?

EMA - La gauche.

EMY - Je l'ai croisée dans le couloir tout à l'heure, elle avait ses deux jambes.

EMA - C'est tout récent.

EMY - Je vais demander à mon organisme de me remplacer. De m'affecter à une autre maison de retraite où je visiterai des personnes normales, pas des personnes monstrueuses qui jouent au football.

EMA - Je vous parle comme à une amie.

EMY - Car vous les épuisez les visiteuses bénévoles. Je le sais. Vous en avez eu trois avant moi.

EMA - Des idiotes. Je ne supporte pas les idiotes.

EMY - Elles n'ont pas tenu le coup.

EMA - Des petites natures.

EMY - Il y en a une qui s'est suicidée, une qui est dans un établissement psychiatrique, la troisième on ne sait pas, elle a disparu. Qui dit mieux ? Vous êtes épuisante. On ne vous a jamais dit que vous étiez épuisante ?

EMA - Si. Vous ne vous intéressez vraiment qu'à vous ma pauvre Emy. Un paquet d'égoïsme. Voilà ce que vous êtes.

EMY - Moi ? Eh bien celle-là alors !

Ema - Vous ne m'avez jamais demandé pourquoi j'ai choisi le football.

Emy - Je m'en fiche du football !

Ema - Parce que les autres sports ne sont que du sport. Le foot c'est la guerre, c'est le massacre, c'est la violence. Il faut tuer l'adversaire ! Si vous entendiez Mme Tiperton vociférer : « Tue-le ! Tue-le ! » en agitant sa jambe gauche. Je suis certaine que si on lui arrimait une jambe de bois, elle s'en servirait pour assommer l'arbitre. La haine, Emy, la haine ! Il n'y a que ça de vrai.

Emy - L'amour, Ema, l'amour !

Ema - Toujours avec vos cochonneries ! Vous êtes vraiment une malade.

Emy - Je…

Ema - Je suis sûre que certaines fois vous enleviez votre petite culotte avant de grimper aux arbres. À treize ans, si ce n'est pas malheureux…

Emy - Mais non !

Ema - Tout est permis, tous les coups bas, les coups en douce, les coups fourrés, les coups de Jarnac, les coups de coude, les coups de pied, les coups de tête. L'important, c'est de tuer l'adversaire : « Tue-les ! Tue-les ! » qu'elle crie Mme Tiperton jusqu'à s'en étrangler ! Ah ! quel spectacle, Emy, quelle exaltation ! Vous ne pouvez pas comprendre vous qui passez votre temps à lire.

Emy - Heureusement. Plutôt que m'agiter.

Ema - Nous non plus, on ne s'agite pas. On reste immobile, à notre poste. Quand les ennemis arrivent en courant comme des folles après le ballon, nous, on est là, on les attend : on matraque. C'est moi qui matraque le mieux. Quand toutes les autres sont abattues, hors-jeu, alors, on avance, tranquilles, sereines, d'un pas lent, et on porte le ballon dans les buts de l'équipe adverse. Mais quand je ne suis pas là, on prend quatre buts à zéro et Beuvrier se trouve en tête du championnat. Voilà le drame, ma pauvre Emy ! Vous ne pouvez pas comprendre. Je n'ai pas le droit d'être malade ! Je suis indispensable. Indispensable ! Sans moi, tout s'écroule.

EMY - Vous allez bien finir par tomber de sommeil. C'est le bonheur que je vous souhaite.

EMA - Venez nous voir jouer, Emy. Promettez-moi de venir voir un match.

EMY - C'est promis. Je vais même prendre un abonnement.

EMA - Je vous remercie, vous êtes trop bonne. On ne vous a jamais dit que vous êtes trop bonne ?

EMY - Mais oui, mais oui. Je ne pourrai pas venir la semaine prochaine.

EMA - Vous êtes visiteuse dans d'autres maisons ?

EMY - Il n'y a pas que vous dans la vie, ma chère Ema.

EMA - Est-ce que d'autres jouent au football, ou à autre chose ?

EMY - Oh non ! Je peux vous jurer que vous êtes la seule.

EMA - Je voudrais vous donner quelque chose…

EMY *(méfiante)* - Quoi donc ?

EMA - Un cadeau.

Emy *(inquiète)* - Un cadeau ? Quel cadeau ?

Ema - Un ballon de football.

Emy - Bon, ça suffit comme ça. Je m'en vais.

Ema - C'est un beau cadeau ! C'est le ballon avec lequel nous avons battu Sèche-les-Eaux. *(Elle va prendre un ballon et le lui tend.)* Tenez. Prenez-le et amusez-vous à taper dedans. Vous verrez, c'est agréable. Imaginez… Et pan ! pour mon voisin ! Et pan ! pour la concierge ! Et pan ! pour les enfants du rez-de-chaussée qui braillent dans la cour intérieur ! Et pan ! pour le percepteur !

Emy - Fichez-moi la paix !

Ema - Prenez mon ballon ou je crie que vous m'avez frappée. *(Elle crie.)* Au secours ! Au secours ! Madame Tiperton !

Emy *(affolée)* - Mais ne criez pas comme ça !

Ema - Prenez le ballon.

Emy - Qu'est-ce que vous voulez que j'en fasse ? Vous me voyez dans l'autobus avec mon ballon de football ?

Ema - Au secours ! Emy me tue ! Madame Tiperton ! Au secours !

Emy - Bon, je le prends. Mais je vous préviens : je le jetterai dans la première poubelle.

Ema - Vous devriez l'offrir à des enfants. Ça leur donnera peut-être envie d'être des tueurs.

Emy sort, indignée, avec le ballon.

FIN

-III- LA POUDRIÈRE

Ema, dame âgée, dans sa maison de retraite. Emy, entre cinquante et soixante ans. Vient en visiteuse.

Ema devant sa table. Plusieurs tubes, flacons et cornées, compte-gouttes, entonnoirs. Également des paquets. De la poudre (talc? sucre? farine?). Une petite bascule. Enfin tout un attirail encombrant. Elle « travaille »...

Voix d'Emy - Ouh ouh! Ema… Je peux entrer?

Ema *(affairée)* - Oui. Doucement…

Entre Emy, un bouquet de fleurs à la main.

Emy - C'est moi…

Ema - Doucement… Ne faites pas de vent. Pas de grands gestes. Pas de turbulences, Emy, je vous en prie. C'est dangereux.

Emy - Vous allez bien?

Ema - Oui oui très bien. Asseyez-vous. Ne bougez pas.

Emy - Je vous ai apporté des fleurs. Un bouquet champêtre. Des fleurs des champs, comme on dit. Ça tient moins longtemps que des fleurs artificielles, mais c'est plus frais.

Ema - Vous n'allez pas m'apporter des fleurs artificielles ? Ce n'est pas un cimetière ici, c'est une maison de retraite. Disons que c'est l'antichambre. Mais ne vous agitez pas comme ça.

Emy - Je voulais dire des fleurs d'élevage. Des roses sous serres, par exemple. Celles-là sont naturelles. Elles ont poussé dans des champs, naturellement, et ont été cueillies naturellement. Il faut que je les mette dans un vase. *(Elle va pour se lever.)*

Ema - Mais restez tranquille !

Emy - Je ne vais pas les tenir à la main. Elles ont besoin d'eau.

Ema - Posez-les sur l'étagère. Doucement. Voilà. Assis… Assis s'il vous plaît.

Emy - Il y a un type qui a failli s'asseoir dessus dans l'autobus. Un étranger. Je ne sais pas pourquoi il a voulu s'asseoir juste devant moi. Les hommes sont parfois une énigme pour moi. Il y avait d'autres places libres. Il m'a dit avec un accent un peu guttural : « Excusez-moi si je vous demande pardon… » Ça m'a fait rire… Lui aussi. *(Ema ne bronche pas. S'affaire.)* Vous avez l'air occupée… Que faites-vous de beau ?

Ema - Des expériences.

Emy - Ah bon… Des expériences… C'est très bien. Je voudrais vous demander, répondez-moi sincèrement : je vous ai manqué ?

Ema - Pourquoi ça ? Vous m'avez visée ?

Emy - Il y a longtemps que je ne suis pas venue vous voir. Je vous ai manqué ? Vous vous êtes inquiétée ?

EMA - Excusez-moi, si vous parlez tout le temps, je ne peux plus me concentrer.

EMY - Ah! vous vous concentrez? Vous vous êtes aperçue au moins que je ne suis pas venue depuis longtemps? J'étais malade…

EMA *(gênée par ces bavardages)* - Je ne sais plus où j'en suis…

EMY - J'ai eu la varicelle.

EMA *(la regarde, pour la première fois en face)* - La quoi?

EMY - La varicelle.

EMA - C'est ridicule.

EMY *(vexée)* - Ça peut être très grave à mon âge. On peut en mourir.

EMA - Pourquoi pas la maladie des nourrissons?

EMY *(pincée)* - Vous n'avez pas changé vous au moins. Pour la méchanceté vous n'avez pas changé. Parce que physiquement vous avez vieilli. C'est bien simple : je ne savais pas si vous étiez bien vous. Vous aimez bien être quelqu'un d'autre. Je n'ai pas oublié. J'étais couverte de boutons de la tête aux pieds. Le visage déformé, je ressemblais à un Picasso.

EMA - Excusez-moi, je suis en train de travailler.

EMY - De travailler, vous? Vous n'êtes pas une personne qu'on imagine en train de travailler. Et vous faites quoi, si je ne suis pas indiscrète?

EMA - Des expériences. Je vous l'ai déjà dit.

EMY - Bon, si je vous dérange, je ne vais pas m'attarder. Je sens que ma maladie ne vous intéresse pas. Et pourtant j'étais clouée au lit pendant deux semaines, avec près de quarante de fièvre. J'avais l'impression d'être couchée sur un lit d'orties. Bon… J'ai d'autres personnes à visiter. Elles vont peut-être s'intéresser à ma varicelle. Je vais aller chez Mme Tiperton. Elle m'a dit de passer la voir. Toujours souriante Mme Tiperton.

EMA - Elle est morte.

EMY - Mme Tiperton est morte ?!

EMA - Oui. Pouf ! Le cœur.

EMY - Je viens de la croiser dans le couloir !

EMA - Alors, je me trompe. C'en est une autre. Elles se ressemblent toutes ici. Vous ne trouvez pas qu'elles se ressemblent toutes ? Toutes les vieilles se ressemblent. Ce sont leurs vêtements qui les différencient.

EMY *(se lève)* - Je reviendrai vous voir la semaine prochaine. Quand vous serez moins occupée.

EMA - Cessez de faire un caprice, asseyez-vous.

EMY - Je ne fais pas un caprice. Je vous laisse travailler, puisqu'il paraît que vous travaillez.

EMA - Asseyez-vous je vous dis.

EMY - Je ne sais pas pourquoi je vous obéis. C'est vous qui faites un caprice.

EMA - J'ai besoin de vous.

EMY - Que dites-vous ? J'ai dû mal entendre… Vous avez besoin de moi ?

EMA - Oui. Restez tranquille.

Emy - C'est bien la première fois que vous me le dites. Même venant de vous ça fait plaisir. C'est important que quelqu'un ait besoin de vous. On existe. On est. On vit. Si on n'a pas besoin de vous, c'est qu'on est inutile.

Ema - Vous faites vraiment Petite Sœur des Pauvres. J'ai besoin que vous me donniez un conseil.

Emy - Moi ?!

Ema - Ce que vous pouvez être énervante par moments. Bien sûr vous.

Emy - Vous me demandez un conseil ? À moi ? Vous estimez que je suis capable de vous donner un conseil ? Vous qui avez toujours affecté de me prendre pour une idiote ?

Ema - Je ne vous prends pas pour une idiote.

Emy - Vous me l'avez dit.

Ema - Ça fait partie de ces choses qu'on dit sans réfléchir.

Emy - Mais qu'on dit quand même. Ce qui est dit est dit.

Ema - Mais ce qui est dit n'est pas forcément pensé.

Emy - Il y a toujours quelque chose de pensé dans ce qu'on dit même quand on ne pense pas à ce qu'on dit.

Ema - Écoutez… On ne va pas épiloguer pendant trois heures.

Emy - C'est quoi ce conseil ? Ça concerne la cuisine ? Le jardinage ? Une lettre à la Sécurité sociale ? Mais là vous avez Mme Tiperton. Même morte elle est de bons conseils.

Ema - J'hésite.

EMY - Oui ?

EMA - Ça concerne mes expériences.

EMY - Ah bon. Vos expériences ? Comme je ne sais pas de quel type d'expériences il s'agit…

EMA - Soit une solution lente, mais efficace. Soit un choix violent, rapide, tout aussi efficace.

EMY - Oui ?

EMA - Dans les deux cas, il y a le plaisir, la jouissance. Mais que vaut-il mieux : une jouissance explosive ou une jouissance dégustée ?

EMY - Je vous vois venir. Vous allez m'entraîner dans une histoire porno. C'est votre spécialité. À croire que ça vous chatouille toujours !

EMA - Ne soyez pas vulgaire Emy, je vous en prie !

EMY - Ça vous va bien d'être choquée par la vulgarité.

EMA - Il ne s'agit ni de sexe, ni de pornographie, ni de scatologie…

EMY - Je crains le pire. Il vaudrait mieux que j'aille voir Mme Tiperton.

EMA - Ne jouez pas les vierges effarouchées ! Il s'agit de quelque chose de très sérieux. De capital. De définitif. Je dois choisir et je ne sais pas quoi choisir.

EMY - Choisissez le moindre mal. Il faut toujours choisir le moindre mal !

EMA - J'ai une question très sérieuse à vous poser.

Emy - Vous ? Ça m'étonnerait.

Ema - Profonde même. Fondamentale. J'ai une question fondamentale à vous poser.

Emy - Fondamentale ?

Ema - Affirmatif.

Emy - Il vaut mieux que je m'en aille. Vous allez encore me tournebouler. Chaque fois que je viens vous voir, je m'en vais toute tourneboulée.

Ema - Tourneboulée ? Ah bah ?

Emy - Déstabilisée. Vous aimez déstabiliser. Vous savez ce que ça veut dire déstabiliser ?

Ema - J'en ai entendu causer.

Emy - Alors, je préfère ne pas vous écouter.

Ema - Vous ne voulez pas m'aider ? C'est bien ça, Emy, vous ne voulez pas m'aider ?

Emy *(touchée)* - Mais si… Mais avec vous on ne sait jamais…

Ema - Voilà la question que je voulais vous poser : vous n'en avez pas marre parfois ?

Emy *(se méfie)* - Marre ?

Ema - Oui.

Emy *(idem)* - De quoi ? De venir vous voir ?

Ema - Il ne s'agit pas de moi.

Emy - Alors, il s'agit de qui ?

EMA - De tout. De rien. De tout ça.

EMY - C'est quoi tout ça ?

EMA - La vie. Ce qu'on vit. Ce que vous vivez. Ce que je vis. La maison de retraite. Toutes ces idiotes qui errent dans les couloirs à la recherche de quelqu'un à qui parler. Qui attendent vos visites…

EMY - Mais non… Je fais ça par… parce qu'elles ont besoin qu'on s'occupe d'elles. Elles ont besoin d'exister. À part vous, j'ai l'impression qu'elles sont contentes que je vienne.

EMA - Revoilà la petite sœur des pauvres ! Ce n'est pas de cela qu'il s'agit. Ce n'est pas de vous qu'il s'agit.

EMY - Alors de qui il s'agit s'il ne s'agit ni de moi, ni de vous ?

EMA - De tout. De rien. Je vous l'ai dit.

EMY - Ça veut dire quoi ? Vous êtes en train de m'entraîner dans un piège. Je sens que vous m'entraînez dans un piège.

EMA - Mais de quel piège mon Dieu ! Ce que vous pouvez être méfiante.

EMY - Je vous connais. Je n'oublie rien. J'ai peut-être l'air, comme ça, mais je n'oublie rien.

EMA - Ce n'est pas un piège. Ce sont des questions fondamentales. Moi, j'en ai marre. Si vous saviez comme j'en ai marre… Je ne supporte plus. Voilà ce que je voulais vous dire. La question que je vous posais. Parce que j'ai besoin de votre aide, Emy, j'ai besoin de votre aide. S'il vous plaît… Ne m'abandonnez pas !…

Emy - Calmez-vous… Je vous en prie… Vous n'allez pas vous mettre à pleurer ?

Ema - Il n'y a qu'à vous que je puisse demander ce conseil. Il n'y a qu'à vous que je puisse me confier.

Emy - Je vous écoute… Mais je vous préviens : je n'ai pas du tout l'intention de me faire avoir. Brebis égarée craint l'eau froide.

Ema - Je n'en peux plus…

Emy - C'est la vieillesse. Quand on vieillit on ne supporte plus rien. Enfin… disons qu'on supporte plus difficilement.

Ema - Ça ne peut plus durer comme ça. Vous êtes d'accord ?

Emy - Je ne sais pas. Que voulez-vous que je vous dise ?

Ema - Il faut prendre une décision. Une solution définitive.

Emy - Quelle solution ?

Ema - C'est justement le conseil que j'ai à vous demander.

Emy *(panique un peu)* - À moi ?

Ema - En fait la solution, elle est prise. Ce sont, comment dire, les modalités qu'il reste à définir. Il faut qu'elles disparaissent. Qu'elles disparaissent toutes. N'est-ce pas ma petite Emy ?

Emy *(troublée)* - Vous m'appelez votre petite Emy ?

Ema - Vous êtes la seule que je puisse appeler « ma petite Emy »…

Emy - C'est parce que je m'appelle Emy…

EMA - Vous m'imaginez en train de dire « ma petite madame Tiperton » ?

EMY - Non… Qui doit disparaître ? Je n'ai pas bien compris ?

EMA - Vous avez mille qualités, mille qualités je vous assure, et un défaut, c'est que vous êtes lente. Il vous faut bougrement du temps pour comprendre. Mais elles ! Elles toutes !

EMY *(n'ose pas comprendre)* - Elles toutes ?

EMA - Vous les supporteriez ? Vous seriez capable de les supporter ? On voit bien que vous n'habitez pas ici. Toute personne saine vivant ici ne peut qu'avoir des idées de meurtre.

EMY - De meurtre ? Qui voulez-vous tuer ? Mme Tiperton ? Ce coup-ci vous devenez complètement folle.

EMA - Pourquoi seulement Mme Tiperton ? Qu'est-ce qu'elle vous a fait ?

EMY - Vous voulez les tuer toutes ?

EMA - Vous avez une autre solution à me proposer ?

EMY - J'étais certaine que ça déraperait. Avec vous, ça dérape toujours…

EMA - Aucune autre solution. Faire disparaître toutes ces vieilles peaux est une œuvre de salubrité publique. Et c'est là que j'ai besoin de vous.

EMY - Vous n'allez pas me demander de vous aider à les tuer ?

EMA - Mais non ! Ne vous inquiétez pas. C'est juste un conseil à vous demander.

Emy - Ne comptez pas sur moi. Je vais aller prévenir Mme Tiperton. Elle téléphonera à l'asile de fous et on vous emmènera.

Ema - Ce que vous pouvez dater… Il y a belle lurette qu'il n'y a plus d'asile de fous !

Emy - On vous enfilera une camisole et on vous enfermera aux oubliettes.

Ema - Vous n'êtes pas curieuse. Ça m'étonne de vous.

Emy - Je ne m'intéresse pas à vos élucubrations.

Ema - Vous n'avez vraiment pas envie de connaître le conseil que je voudrais vous demander ?

Emy *(hésite)* - Non…

Ema - Ça ne vous engage à rien. Si vous ne voulez pas me conseiller vous ne me conseillez pas. C'est juste pour savoir. Bon. Ce n'est pas vous qui les ferez disparaître. C'est moi. Je ne vous demande pas d'être ma complice. Simplement, vous me donnez un avis. Et hop ! voilà ! On n'en parle plus. J'hésite. J'hésite sur le moyen. J'ai deux possibilités. Il faut choisir et je ne sais pas ce qui est mieux.

Emy - Je ne sais pas pourquoi j'écoute. C'est toujours la même chose, il ne faut pas que j'écoute… et j'écoute.

Ema - Soit j'opère en douceur. Mais c'est plus long. À l'heure du thé je verse du poison dans le samovar, à l'heure du dîner j'en verse dans les bouteilles d'eau. Comme je n'ai pas envie d'assister à leur entassement les unes sur les autres dans la salle à manger ou le salon, j'ai prévu un poison lent. Dans la nuit… pfouff… ces dames s'endorment dans leur lit et ne se réveillent pas. Sauf moi. Ainsi j'ai toute la maison pour moi toute seule. Vous imaginez le bonheur : une maison de retraite pour moi toute seule. La seule survivante. Personne n'aura le cœur de me mettre dehors. Hein ? C'est la première solution. Je suis certaine qu'elle vous paît. Pas de violence. Pas de cris. Pas de souffrance. La mort en tutu rose…

EMY - Je m'en fiche, je n'écoute plus.

EMA - Mais si, vous écoutez. Il y aura un inconvénient : on analysera le poison. On cherchera d'où il vient. On s'apercevra qu'il vient de nulle part. Fabriqué sur place.

EMY - Vous vous êtes procuré du poison ?

EMA - Je l'ai fabriqué.

EMY - Fabriqué ? Vous ? Vous avez fabriqué du poison ? Comment avez-vous fait ?

EMA - Ça vous intéresse… J'ai acheté le petit livre du petit chimiste. « Devenez petit chimiste chez vous ». J'ai potassé le chapitre : « Comment confectionner votre poison vous-même » et hop ! on dégage la maison de retraite. Le problème c'est qu'on finira par m'arrêter.

EMY - Vous vous moquez de moi !

EMA - J'ai lu aussi le chapitre : « Comment faire sauter vous-même votre maison de retraite ». J'ai donc aussi fabriqué ma poudre.

EMY - Elle a fabriqué sa poudre ! Un vrai conte de fées !

EMA - Mon explosif.

EMY - J'avais compris.

Ema - J'ai acheté mes ingrédients. J'ai acheté mes ustensiles. Ils sont là sur ma table. J'ai suivi à la lettre les marches à suivre. J'ai acheté exactement ce qu'il fallait acheter. J'ai fait bouillir exactement ce qu'il fallait faire bouillir. J'ai pétri exactement ce qu'il fallait pétrir. J'ai pesé exactement ce qu'il fallait peser. J'ai mélangé exactement ce qu'il fallait mélanger. J'ai tout fait exactement. Maintenant j'ai de quoi envoyer doucettement toutes ces dames « ad patres », toutes, y compris Mme Tiperton. Toutes sauf vous, puisque je vous ai fait la confiance de vous mettre dans la confidence. Vous n'êtes pas assez idiote pour prendre le thé avec ces dames ?

Emy - Je suis anéantie. Je ne vous crois pas. Je ne vous crois pas du tout. Mais je suis anéantie.

Ema - J'ai de quoi tout faire sauter. Il suffirait que j'appuie sur ce bouton. Celui-là. Ce bouton d'or. Et hop ! boum ! Explosée la maison de retraite ! Volatilisée ! Dans les airs ! Avec les papillons…

Emy - Ne touchez pas à ce bouton !

Ema - Vous me croyez ?

Emy - Je ne vous crois pas, mais n'appuyez pas sur ce bouton. Ni sur aucun bouton d'ailleurs !

Ema - Le problème, c'est que si j'appuie sur ce bouton, je saute avec la maison. Déflagration. Je me dissous. Et vous avec. Voilà mon problème. Voilà mon dilemme. C'est là que j'ai besoin de vos conseils. Qu'est-ce qui est mieux ? Que je sois arrêtée et condamnée pour empoisonnement ? Ce qui serait bête. Ou que je me fasse sauter en l'air ? Ce qui serait bête également.

Emy - C'est de remballer tout votre attirail et de cesser de me faire marcher. Chaque fois que je viens vous voir, on nage en plein surréalisme. Vous voulez mon avis ?

Ema - Il y aurait une autre solution : je prends du poison moi aussi, et je fais sauter la baraque avant de m'endormir. Un des grands mystères de l'Histoire, avec un grand H. Une maison de retraite saute avec ses pensionnaires empoisonnées. La gloire.

Emy - Mon avis, c'est que vous devriez écrire vos histoires au lieu de me les raconter. Ou même d'en raconter à Mme Tiperton. Elle me l'a dit. Vous lui avez fait croire qu'il y avait un rat d'un mètre de long dans la remise à outil. Un rat avec des moustaches rouges.

Ema - C'était vrai.

Emy - Au lieu de mystifier deux pauvres femmes, vous auriez des milliers de lecteurs à votre disposition. On inventerait une collection rien que pour vous : « Délires de vieilles ». Voilà mon avis. Vous délirez. Vous déraillez. Vous disjonctez. Ça vous amuse. Mais ça n'amuse que vous. Au lieu de terroriser Mme Tiperton avec vos histoires de rats, écrivez-les vos histoires. Ça vous fera passer le temps. Et puis tenez, vous allez voir comme je suis amicale : vos histoires, je veux bien que vous me les racontiez. Écrivez-les et je vous donnerai mon avis.

Ema - Qui vous dit que je ne le fais pas ?

Emy - C'est donc pour ça. Je suis votre cobaye. Vous vous essayez sur moi ! Eh bien vous alors ! On peut dire que vous êtes une sacrée mystificatrice. Je vais vous dire : ça me fait plaisir. Vous me rassurez.

EMA *(un peu inquiétante)* - Je vous rassure ?

EMY - Vous me rassurez sur vous. Sur votre compte, votre équilibre… Vous n'êtes pas folle. Vous êtes écrivain. Ce qui est un peu la même chose. Vous avez déjà écrit plusieurs romans ?

EMA - Oui.

EMY - Je pourrai les lire ? Ils sont édités ? Vous êtes une cachottière.

EMA - Ils sont dans ma tête.

EMY - Dans votre tête ?

EMA - Oui.

EMY - Ils ne sont pas écrits ?

EMA - Si. Dans ma tête.

EMY - Vous allez les écrire ?

EMA - Non. Pourquoi ?

EMY - Vous devriez.

EMA - C'est plus intéressant de les vivre.

EMY - De les vivre en imagination.

EMA - Non.

EMY - Je ne vous suis pas très bien. C'est toujours compliqué avec vous.

EMA - Je fais sauter la maison de retraite et ensuite je raconte.

EMY - C'est très drôle.

EMA - J'ai une proposition à vous faire. Nous prenons gentiment le thé toutes les deux et après j'appuie sur le bouton. Celui-là. D'accord ?

EMY - Non non, c'est inutile, je dois partir, j'ai d'autres visites à faire.

EMA - On pourrait demander à Mme Tiperton de se joindre à nous ?

EMY - Ce n'est pas la peine. Au revoir Ema. À une autre fois…

EMA - À moins que vous préfériez que nous allions prendre le thé au salon, avec toutes les vieilles peaux ?

EMY - Au revoir…

EMA - Si vous franchissez cette porte, j'appuie sur le bouton. Vous sauterez dans le couloir.

Elles se regardent avec intensité.
Noir.
On peut peut-être imaginer dans le noir, une grosse explosion…

FIN

DU MÊME AUTEUR

Chez le même éditeur

10 pièces en un acte (collection Côté Scène)

Commissaire Badouz (collection Côté Scène)

L'Histoire des Floutt (théâtre pour enfants, collection Côté Cour)

Innocentes Manies (collection Côté Scène)

L'Espion volant (in *Nuits d'Hôtel*, ouvrage collectif) (Côté Scène)

Six Foissy (Côté Scène)

Le Cimetière des maris (Côté Scène)

Un air du temps (in *Festival d'auteurs*, ouvrage collectif) (Côté Scène)

Dépositions/Le Charme de la laideur (Côté Scène)

La Femme qui dit

Chez d'autres éditeurs

L'œil du Prince

À l'Enterrement d'une page blanche.

Librairie Théâtrale

Annonce Matrimoniale (et Avant-Scène n° 664)

Rires aux éclats

Soirées bourgeoises (et Avant-Scène n° 679)

Spécial-Sang

Le Voyage au Brésil

L'Abaca

Il faut viser la pierre (et Avant-Scène n° 630)

Dans le vieux parc solitaire et glacé

La Dame au Violoncelle

Chicago-Blues

Changement de Direction

L'Arthrite (et Paris-Théâtre n° 242)

L'Attribut

Cœur à deux (et Avant-Scène n° 469/470)

Le Discours du père (et Avant-Scène n° 480)

Direction Critorium

L'Entreprise (et Paris-Théâtre n° 242)

En regardant tomber les murs (et Avant-Scène n° 350)

L'Événement (et Paris-Théâtre n° 242)

Rapt

La Malle à Mots (textes pour enfants)

L'Art de la Chute

L'Art de la Chute 2 (Les Déchets)

L'Art de la Chute 3 (Être ou ne pas être)

L'Art de la Chute 4 (Faux-Semblants)

L'Art de la Chute 5 (Derniers cris)

L'Art de la Chute 6 (L'Adieu aux Mots) à paraître

L'Avant-Scène *(seule)*

Attendons la Fanfare (n° 647)

L'Ambulance (n° 705)

36.15 Jeanne l'Artiste (n° 860)

Racisme (n° 860)

Loin du Golfe (n° 936)

La Société des Alloqués (n° 978)

Je m'appelle Rhubarbe (n° 471)

Le Cimetière des Poètes (n° 978)

La Secte des 1000 (n° 1000)

Vive la Libre Entreprise (n° 1048)

Actes-Sud-Papiers

L'Escargot (et Avant-Scène n° 679)

Toujours quelqu'un sous l'arbre

La Grande Sauterie

L'Enfant mort sur le trottoir (et Avant-Scène n° 679 et Art & Comédie)

Le Motif (et Art & Comédie)

L'Homme sur le parapet du pont

La Ronde de sécurité

Le Roi de haut en bas

La Goutte (et Avant-Scène n° 631)

La Crique (et Avant-Scène n° 647)

Veillée Funèbre

Éditions du Laquet

L'Auditoire

Le Sablier des Mots (Histoires de Théâtre)

Éditions Magnard

L'Épouvantail (collection « Théâtre pour la Jeunesse »)

AVIS IMPORTANT

Cette pièce de théâtre fait partie du répertoire de la Société des Auteurs et Compositeurs Dramatiques, 11 bis rue Ballu 75442 PARIS Cedex 09. Tél. : 01 40 23 44 44. Elle ne peut donc être jouée sans l'autorisation de cette société.

Nous conseillons d'en faire la demande avant de commencer les répétitions.

Imprimé à la demande par Libri Plureos GmbH, Bad Hersfeld, Allemagne

Première édition, dépôt légal : avril 2009
N° d'édition : 200915
ISBN : 978-2-84422-685-3